11093

SOUS PRESSE : La Rose jaune, comédie mêlée de couplets, en un acte, par M. Léon Halevy.
Le Shérif, opéra-comique en trois actes, de MM. Scribe et Halevy.

LA FRANCE

DRAMATIQUE

AU

DIX - NEUVIÈME SIÈCLE.

Palais-Royal.

CHANTRE ET CHORISTE,
VAUDEVILLE EN UN ACTE.

B ET T

520.

PARIS.

J. - N. BARBA,
AU PALAIS - ROYAL,
DERRIÈRE LE THÉATRE—FRANÇAIS.

BEZOU,
BOULEVART SAINT - MARTIN,
ET RUE MESLAY, 34.

ET AU MAGASIN GÉNÉRAL DES PIÈCES DE THÉATRE ANCIENNES ET NOUVELLES,
de Ch. TRESSE, successeur de J.-N. BARBA,
galerie de Chartres, nos 2 et 3, derrière le Théâtre-Français, à côté de Chevet.

1839.

CHANTRE ET CHORISTE,

VAUDEVILLE EN UN ACTE,

PAR M. VARNER; (Ant.-François)

Représenté pour la première fois, à Paris, sur le théâtre du Palais-Royal, le 12 août 1839.

DISTRIBUTION DE LA PIÈCE.

BENJAMIN FANFARE, choriste.................... MM. Leménil.
MARDOCHE, suisse de paroisse..................... Sainville.
Mme BARDEL, loueuse de chaises.................... Mmes Moutin.
LOUISE, jeune ouvrière, nièce de Mme Bardel .... Joséphine.
CONSTANCE, actrice............................ Dupuis.

Le théâtre représente une des pièces du logement occupé par Benjamin. Portes latérales et porte dans le fond. Mobilier modeste. A droite, sur le devant, une table à écrire, couverte de papiers.

SCÈNE I.

MARDOCHE, entrant avec un panier de vin, et parlant à la cantonade.

Oui, madame, soyez tranquille, on le lui remettra. (En scène.) C'est la dévote du premier, une brave femme, qui envoie un panier de vin de liqueur à M. le curé. Je ne peux pas porter ça moi-même, en uniforme... de quoi ça aurait-il l'air? Il est bien plus simple de le déposer ici... C'est le logement de Benjamin, notre premier chantre... On l'enverra chercher plus tard.

(Il ouvre la porte de la pièce à droite, et y dépose le panier.)

SCÈNE II.

MARDOCHE, LOUISE.

LOUISE, entr'ouvrant la porte du fond.
Monsieur Benjamin, ma tante vous prie de l'attendre un instant... elle va descendre.

MARDOCHE.
Entrez, entrez donc, mam'zelle Louise.

LOUISE, entrant.
C'est vous, monsieur Mardoche.

MARDOCHE.
Benjamin est sorti, et je suis bien aise de profiter de son absence pour vous parler de quelque chose qui vous intéresse.

LOUISE.
De quoi donc, monsieur Mardoche?

MARDOCHE.
C'est au sujet des vues matrimoniales que j'ai sur vous.

LOUISE.
Ah! (Elle fait un mouvement pour s'en aller.)

MARDOCHE, la retenant.
Je sais que je ne suis pas le seul... Benjamin en a aussi... Il fait sonner bien haut qu'il est le premier chantre de la paroisse; mais moi j'ai l'honneur d'en être le suisse... S'il a pour lui une belle voix qui parle en sa faveur, moi, je suis doué d'un beau physique... Je porte l'épée; et de tout temps le militaire a eu le privilége de plaire à la beauté.

LOUISE.
C'est possible; mais moi les militaires m'effraient.

MARDOCHE.
Pourquoi?... Me supposeriez-vous de la légèreté?... Je vous prie de croire que j'ai des mœurs, j'en ai beaucoup, par état... et par inclination... Placé comme une sentinelle avancée à la porte de la paroisse, je surveille tout le quartier, la hallebarde à la main.

LOUISE.
Oui, l'on vous a surnommé le grand inquisiteur... on vous craint.

MARDOCHE.
Mais on m'estime... Je suis méchant, mais honnête... je ne fais la guerre qu'aux mauvaises pensées, et il y a si peu de gens qui pensent!... Quant à Benjamin, qui est mon rival, malheureusement...

LOUISE.
Vous n'avez rien à en dire.

MARDOCHE.

Je n'ai encore que des soupçons ; mais j'en ai.
(Avec mystère.) Il sort de chez lui tous les soirs, et
ne rentre qu'à des heures indues.

LOUISE.

Eh bien ! qu'est-ce que ça prouve ?

MARDOCHE, d'un ton mystérieux.

Qu'il vient de quelque part... et comme il ne dit
pas d'où, c'est qu'il a des raisons pour le cacher.

LOUISE, avec une indifférence affectée.

Ça le regarde.

MARDOCHE, d'un ton mystérieux.

Ça nous regarde tous... je n'aime pas qu'on ait
des allures...

LOUISE, avec indifférence.

Moi, je ne suis pas si défiante.

MARDOCHE, à demi-voix.

Vous avez tort... je l'ai plusieurs fois rencontré
avec des dames.

LOUISE, faisant un mouvement.

Avec des dames ?

MARDOCHE, de même.

Jeunes et jolies... J'espère que c'est suspect.

LOUISE, à part.

Oh ! le traître ! (Se contraignant.) Pourquoi ? Ne
peut-il avoir des parentes ?

MARDOCHE.

Jeunes et jolies ?.. ce n'est pas probable, il est
laid.

LOUISE.

Comment, vous ne voulez pas ?

MARDOCHE.

Ce serait au moins bien extraordinaire... Au sur-
plus, vous pourrez le lui demander ; je l'entends
qui monte l'escalier.

⸺⸺⸺⸺⸺⸺⸺⸺⸺⸺⸺⸺⸺⸺⸺⸺

SCÈNE III.

MARDOCHE, LOUISE, BENJAMIN.

BENJAMIN.

AIR : *Deo gratias.* (Domino noir.)

Je ne suis point ambitieux :
Que le ciel accorde à mes vœux
La santé... c'est l' plus nécessaire ;
Un abri, d' modestes repas, (*bis*)
Puis un' gentill' ménagère...
Et je répéterai tout bas :
   Deo gratias !

(Apercevant Louise.) Vous ici, mam'zelle Louise ?
par exemple, voilà une surprise délicate et soignée !

MARDOCHE.

C'est moi qui ai rencontré mademoiselle, et qui
l'ai engagée à entrer.

BENJAMIN.

Tu as eu une excellente idée... ces militaires
sont d'une galanterie ! (A Louise.) Si j'osais vous
prier de vous asseoir.

LOUISE.

Je vous remercie ; ma tante va venir me repren-
dre en descendant.

BENJAMIN, à Mardoche.

Quant à toi, je ne t'offre pas... je sais que tu es
toujours si pressé... Qui est-ce qui me procure
l'honneur de ta visite ?

MARDOCHE.

Je t'apporte à copier de la musique pour les enfans de chœur.

BENJAMIN.

Ah ! oui... je sais de quoi il s'agit. Donne-moi ça.
(Il s'approche de Louise.)

MARDOCHE, faisant quelques pas comme pour sortir,
puis revenant.

Est-ce que tu ne vas pas t'y mettre tout de suite ?

BENJAMIN, restant auprès de Louise.

Si fait, sois tranquille.

MARDOCHE, même jeu de scène.

C'est qu'on m'a dit que c'était très pressé.

BENJAMIN, sans se déranger.

Je le sais bien.

MARDOCHE, même jeu de scène.

N'oublie pas non plus qu'aujourd'hui, à onze
heures, il y a grand' messe en musique, et que l'on
compte sur ton gosier.

BENJAMIN.

Entendu !

MARDOCHE.

C'est que quand tu n'es pas là, ça va tout de
travers... les autres chantres ont comme une ex-
tinction de voix ; c'est désagréable dans une paroisse qui a une réputation musicale... aujourd'hui
surtout que les dévotes tiennent tant à l'harmonie !

AIR : Un homme pour faire un tableau.

Déjà depuis plusieurs hivers,
Pour qu'à notre église on se plaise,
Nous donnons vraiment des concerts,
Où l'on n'a qu'à payer sa chaise...
Aussi la foule avec ardeur
Vient inonder le saint portique...
Les uns pour prier le Seigneur,
Les autr's pour entendr' la musique,
Beaucoup pour entendr' la musique !

(Il sort.)

⸺⸺⸺⸺⸺⸺⸺⸺⸺⸺⸺⸺⸺⸺⸺⸺

SCÈNE IV.

LOUISE, BENJAMIN.

BENJAMIN, se retournant pour regarder Mardoche.

Enfin, nous en voilà débarrassés, ce n'est pas
malheureux !

LOUISE.

Venez ici, monsieur, que je vous gronde !

BENJAMIN.

Moi, qu'est-ce que j'ai donc fait ?

LOUISE.

Vous me le demandez ?... Certainement je ne

suis pas jalouse; mais j'en aurais peut-être le droit.

BENJAMIN.

Par exemple! vous pourriez croire...

LOUISE.

Apprenez-moi un peu où vous passez toutes vos soirées?

BENJAMIN, stupéfait.

Mes soirées?

LOUISE.

Vous n'êtes jamais chez vous, et vous ne revenez que fort tard...

BENJAMIN.

Comment, on vous a dit...

LOUISE.

Vous le voyez, je suis informée de tout, et vous ne pouvez pas nier...

BENJAMIN, avec embarras.

Non, mam'zelle.

LOUISE.

C'est donc la vérité?

BENJAMIN.

Oui, mam'zelle.

LOUISE.

Ah! vous en convenez!

BENJAMIN.

Certainement... mais ce que j'en ai fait, c'était à cause de vous; c'était pour être heureux, pour vous épouser.

LOUISE, avec incrédulité.

Qu'est-ce que vous me contez là?

BENJAMIN.

Oh! je ne sais pas mentir, je n'ai pas ce défaut-là, et vous allez comprendre...

LOUISE.

Allons, dépêchez-vous de vous expliquer.

BENJAMIN.

C'est bien gentil d'être en ménage, d'avoir une femme et des enfans à soi seul... mais c'est un plaisir qui coûte cher... et je gagne bien peu à la paroisse... huit cents francs par an!.. il y a à peine de quoi manger des pommes de terre... avec ça qu'il faudra monter sa maison en ustensiles.

LOUISE, à part, en soupirant.

Il a raison.

BENJAMIN.

Je me suis donc ingénié à faire autre chose, afin de doubler mes revenus, et j'ai trouvé pour le soir... (Hésitant.) une place de choriste dans un théâtre.

LOUISE.

Dans un théâtre!

BENJAMIN.

Voilà le mot lâché!..: J'y suis entré par la protection de Mlle Constance, la première actrice.

LOUISE.

La première actrice!

BENJAMIN.

Dont ma mère était la marraine... Je l'avais vue pas plus haute que ça... Elle a maintenant un grand talent.

LOUISE.

C'est là que vous passez vos soirées?

BENJAMIN.

Je n'osais pas vous le dire... Et pourtant, où est le mal de gagner six cents francs à la force de ses poumons? Moi, je crie pour tout le monde... ça n'est pas défendu... Sous le nom biblique de Benjamin, sous celui plus retentissant de Fanfare, je chante avec un égal succès les psaumes et l'opéra... seulement, je m'embrouille quelquefois; et, l'autre soir, il m'est arrivé, par inadvertance, d'entonner une antienne au milieu d'un chœur de buveurs espagnols... ça m'a coûté quarante-cinq sous d'amende que j'ai payés au régisseur, le lendemain, sur le produit d'un enterrement.

LOUISE.

C'est donc là ce grand secret?

BENJAMIN.

Mon Dieu, oui... est-ce que ça vous fâche?

LOUISE, lui tendant la main.

Au contraire; mais ça me fait peur, à cause de ma tante.

BENJAMIN.

La loueuse de chaises?

LOUISE.

Elle est si pieuse et si sévère!

BENJAMIN.

Vous pourriez dire si cagote! Elle ne sort pas de ses fonctions... je veux dire de ses chaises... toujours assise sur les genoux, et les mains jointes, attendant que la fortune lui tombe du ciel.

LOUISE.

Et voilà cinquante ans qu'elle attend!...

BENJAMIN.

J'espère que c'est de la patience! moi, qui n'en ai pas une dose aussi prononcée, je fais feu des quatre pieds, je mêle le sacré et le profane : je copie des cantiques et je copie des rôles, et tout ça pour arriver au bonheur le plus promptement possible.

Air : Quand j'n'ai pas l'sou.

Des deux côtés j'soutiens gaîment la lutte;
A c'double effort je dois le peu que j'ai...
Je sais qu'hélas! le théâtre est en butte
A d'faux esprits qui l'ont très mal jugé;
Mais je me dis : Si l'ancien préjugé
Poursuit encore un art qu'on idolâtre,
Ça ne peut pas atteindre les écus
Dans mon gousset pêl'-mêle confondus...
Qu'ils vienn'nt d'l'autel ou qu'ils vienn'nt du théâtre,
Ils sont partout égal'ment bien reçus!

LOUISE.

Prenez garde seulement de tout gâter, car si ma tante venait à apprendre...

BENJAMIN.

Ce n'est pas elle que je crains le plus, mais mon rival, ce maudit suisse qui a la langue mieux affilée que sa hallebarde.

LOUISE.

Avec ça qu'il se doute déjà de quelque chose.

BENJAMIN.

Nous tâcherons qu'il en reste là.

LOUISE.

Silence !... voici ma tante.

SCÈNE V.

LES MÊMES, Mme BARDEL.

Mme BARDEL.

Pourquoi donc, Louise, que tu n'es pas remontée ?

LOUISE.

Vous m'aviez dit de vous attendre et que vous me prendriez en passant.

Mme BARDEL.

C'est possible, j'ai maintenant si peu de mémoire.

BENJAMIN.

Salut à la respectable madame Bardel !

Mme BARDEL.

Bonjour, mon ami.

BENJAMIN.

Que tous les anges et toutes les saintes du paradis soient avec vous !

Mme BARDEL.

Merci ! et puissent-ils t'entendre !

BENJAMIN.

Ils doivent en avoir l'habitude. Je chante assez haut pour ça, et comme vous savez que la voix monte...

Mme BARDEL.

Je sais que tu as une très belle orgue... mais ce n'est pas tout que de chanter les louanges du Très-Haut, il faut encore le glorifier par ses actes.

BENJAMIN, à part.

Où diable va-t-elle parler de mes actes ?

Mme BARDEL.

Je veux qu'on se signale par des œuvres pies et méritoires.

BENJAMIN.

J'aspire à me marier, à devenir votre neveu.

LOUISE.

Et vous savez que M. Benjamin est un bon enfant.

Mme BARDEL.

Ça ne suffit pas ; je veux que l'on soit irréprochable.

LOUISE.

Est-ce que vous avez quelque chose à lui reprocher ?

Mme BARDEL.

Non, sans doute... mais enfin ils sont deux qui demandent ta main ; je puis choisir.

BENJAMIN.

Choisissez tout de suite.

Mme BARDEL.

Je me déciderai pour le plus méritant.

LOUISE.

Moi, si vous me demandiez mon avis...

Mme BARDEL.

Du tout, ce n'est pas toi que cela regarde.

BENJAMIN, à part.

Vous allez voir que c'est celle qui n'épouse pas !...

Mme BARDEL.

Benjamin !

BENJAMIN, se retournant et prenant un air gracieux.

Plait-il, chère tante ?

Mme BARDEL.

As-tu copié l'exhortation de M. le curé à ses paroissiens ?

BENJAMIN.

Oui, et si vous voulez vous charger de l'emporter, la voilà. (Il lui remet un rouleau de papier.)

Mme BARDEL, ouvrant le papier.

Dieu ! comme c'est bien écrit ! Ça peut se lire sans lunettes. (Benjamin s'approche de Louise et lui parle à l'oreille, pendant que Mme Bardel lit à demi-voix :)

« Lison dormait sous le feuillage,

» Attendant, hélas ! le retour

» Du volage

» Qui résistait à son amour ! »

Benjamin, qu'est-ce que tu m'as donc donné ?

BENJAMIN, sans se retourner.

L'exhortation de M. le curé.

Mme BARDEL.

Ça... (Lisant.) « Lison dormait sous le feuillage... »

BENJAMIN, à demi-voix, à Louise.

Ciel ! le rôle de mam'zelle Constance, la jeune première du théâtre !

LOUISE, à demi-voix.

Que va-t-elle penser ?

BENJAMIN, à part.

De l'aplomb ! ou je suis un homme perdu !

Mme BARDEL.

Eh bien, pourras-tu m'expliquer ce que cela signifie ?

BENJAMIN.

C'est très aisé... (A part.) Si je sais comment je vais m'en tirer !

Mme BARDEL.

Voyons. (Benjamin tousse pour se donner le temps de chercher.)

LOUISE, à part.

Je n'ai pas une goutte de sang dans les veines !

Mme BARDEL lit.

« Lison dormait sous le feuillage... »

BENJAMIN.

Le vénérable Lison... un des pères du désert !

Mme BARDEL.

Comment ! il y en a eu un de ce nom-là ?

LOUISE.

Oui, ma tante.

BENJAMIN.

Le père Lison ! il était même très illustre.

Mme BARDEL.

Ah !... (Lisant.) « Dormait sous le feuillage ?.. »

BENJAMIN.

A cette époque, les prédicateurs, les pères du

désert, n'avaient point d'abri... ils couchaient sous le feuillage, autrement dit dans la campagne, à la belle étoile... partout où ils se trouvaient !

LOUISE, à sa tante.

Vous le savez bien.

Mme BARDEL, lisant.

« Attendant, hélas ! le retour du volage... »

BENJAMIN.

C'est-à-dire de l'infidèle, du Sarrazin, du mécréant... car on leur donnait tous ces noms-là !

LOUISE.

Et bien d'autres encore.

Mme BARDEL, lisant.

« Qui résistait à son amour ! »

BENJAMIN.

A cet amour pieux et tendre que la charité inspire et qui vous porte à convertir vos semblables... c'est pour cela que le père Lison les guettait !

LOUISE.

Mais certainement !

Mme BARDEL.

Ah ! c'est possible ; mais vous conviendrez qu'on pouvait s'y tromper, et que M. le curé a fait une drôle d'exhortation.

BENJAMIN.

Elle est prise au figuré ! style moderne, biblique et romantique ! (A part, s'essuyant le front.) Comprends si tu peux ! (On entend du bruit.) Qu'est-ce que j'entends ? Mes camarades les choristes !

coooooooooooooooooooooooooooooooooooooooooooooooooooooo

SCÈNE VI.

LES MÊMES, plusieurs CHORISTES.

LE CHOEUR.

AIR : Oh ! la belle folie.

C'est notre destinée,
Camarades, chantons !
Puisque toute l'année
Nous vivons de flonflons, (bis.)
Exerçons nos poumons !

PREMIER CHORISTE.

Tu dois être content ; j'espère que nous sommes exacts.

BENJAMIN.

Pourvu que vous soyez en voix !

DEUXIÈME CHORISTE.

Je crois bien, nous venons d'arroser nos moyens avec du rouge à dix.

Mme BARDEL, à demi-voix.

Qu'est-ce que c'est que ces gens-là ?

BENJAMIN, de même.

De nouveaux chantres qu'on voudrait attacher à la paroisse.

Mme BARDEL, de même.

Ils ont des physionomies... solides.

DEUXIÈME CHORISTE, faisant une grosse voix.

Est-ce que nous ne commençons pas ?

Mme BARDEL.

Et un organe très bien nourri.

BENJAMIN, aux choristes.

Tout de suite... (A Mme Bardel.) Nous allons répéter... Ainsi, je ne vous retiens pas !

Mme BARDEL.

Pourquoi ? Je ne serais point fâchée d'entendre....

LOUISE.

Mais vous deviez m'accompagner chez la couturière où je travaille.

Mme BARDEL.

J'irai un autre jour... Tu peux t'en aller toute seule.

LOUISE.

Cependant, ma tante...

Mme BARDEL.

Pourquoi ne voulez-vous pas que je reste ?

BENJAMIN.

On craint seulement que ça ne vous ennuie.

Mme BARDEL.

Du tout, j'aime beaucoup la musique sacrée.

BENJAMIN, à part.

Elle sera joliment servie !

Mme BARDEL.

Ainsi, petite, laissez-moi. (Elle s'asseoit.)

LOUISE.

Oui, ma tante... (A Benjamin, en s'en allant.) Je ne tarderai pas à revenir. (Elle sort.)

Mme BARDEL.

J'écoute.

BENJAMIN, indiquant la mesure avec sa main.

Une, deux... une, deux...

LE CHOEUR.

Le champagne pétille
A ce banquet joyeux ;
Dans sa mousse qui brille
Il verse tous ses feux !...

Mme BARDEL, étonnée et les interrompant.

Ah ça ! qu'est-ce que ce cantique-là ?

BENJAMIN.

C'est pour la fête des Rois... Vous savez, le festin des trois mages... les noces de Cana... la pêche miraculeuse.

Mme BARDEL.

A la bonne heure... Je disais aussi !

BENJAMIN, à part.

Bon ! elle avale le subterfuge.

LE CHOEUR, continuant.

Rien n'est redoutable
Ici que l'ennui...
Envoyons au diable
Chagrin et souci !

BENJAMIN, se tournant vers Mme Bardel.

Au diable !

LE CHOEUR.

Au diable !

Que la beauté vienne
Charmer nos loisirs;
Goûtons les plaisirs
Que l'amour amène !

BENJAMIN, se tournant vers Mme Bardel, et prononçant avec affectation.

Amène !

LE CHŒUR.

Amène !

Mme BARDEL.

Amen !

LE CHŒUR.

Le champagne pétille
A ce banquet joyeux , etc.

BENJAMIN.

Très bien !.. vous chantez ça comme des anges...
(A part.) qui auraient un rhume de cerveau. (A
Mme Bardel.) Qu'est-ce que vous en pensez ?

Mme BARDEL.

C'est magnifique ! Seulement , je n'ai pas bien
compris.

BENJAMIN.

Tant mieux ! en musique, les meilleures paroles
sont celles qu'on n'entend pas !

Mme BARDEL.

Oh bien ! alors , celles-là !...

LES CHORISTES.

Allons, maintenant, le grand morceau.

BENJAMIN , à part.

Le grand morceau !... Oh ! non !... (Aux choristes.) Il faut humecter auparavant... Passez dans
ma chambre à coucher, vous y trouverez une cru-
che d'eau sucrée avec de la réglisse... c'est un ra-
fraîchissement excessivement tonique et recom-
mandé par la faculté de médecine. (Ils passent tous
dans la pièce à droite.)

ooooooooooooooooooooooooooooooooooooooooooooooo

SCÈNE VII.

BENJAMIN, Mme BARDEL, puis CONSTANCE.

BENJAMIN , à part , pendant que Mme Bardel range
sa chaise et cherche son ridicule.

Enfin, m'en voilà quitte ! (Il se retourne et aper-
çoit Constance qui vient à lui.) Ciel ! mam'selle Constance, la jeune première du théâtre !...

CONSTANCE.

Est-ce que tu as perdu la tête ? quel papier m'as-
tu donc envoyé ?

BENJAMIN.

Mais ce doit être votre rôle.

CONSTANCE.

Ça !... (Elle lit.) « L'approche du saint temps
» de carême...

BENJAMIN , à part.

Miséricorde ! l'exhortation de M. le curé !... et
j'ai donné à l'autre...

CONSTANCE , continuant de lire.

» Doit exciter dans vos ames une pieuse fer-
» veur ! »

BENJAMIN , à mi-voix.

Silence ! au nom du ciel !

Mme BARDEL , se retournant.

A qui en as-tu , Benjamin ?

BENJAMIN , avec embarras.

Oh ! rien... c'est...

Mme BARDEL.

Quoi donc ?

BENJAMIN , de même.

Une visite... une dame qui vient me voir.

Mme BARDEL , d'un ton sévère.

Comment ! tu songes à te marier, et tu reçois
chez toi des personnes du sexe. Que vois-je ! Mme
la comtesse !

BENJAMIN , étonné.

Hein ?

CONSTANCE , à Benjamin.

Moi, comtesse !

BENJAMIN , à mi-voix.

Laissez-la dire... qu'est-ce que cela vous fait ?

Mme BARDEL.

Pardon ! j'étais loin de penser...

BENJAMIN.

Oui, je donne incognito à madame la comtesse
des leçons de plain-chant.

Mme BARDEL.

Je t'en félicite ; c'est une personne qui ne mérite que des respects.

CONSTANCE , à part.

Pas encore, pour le moment ; j'aime mieux autre chose.

BENJAMIN.

Et où avez-vous connu madame ?

Mme BARDEL.

L'année dernière, à l'office, où elle venait le
matin.

CONSTANCE.

C'est juste.

Mme BARDEL.

Suivie du chasseur de M. le comte , dont le nom
finit en *of* ou en *tof*.

BENJAMIN.

Oui.

Mme BARDEL.

Son mari.

BENJAMIN , à part.

C'est tout comme.

Mme BARDEL.

Elle était si recueillie, si charitable , que cela
édifiait tout le monde.

CONSTANCE.

Ou plutôt, ça les étonnait...

Mme BARDEL.

Le ciel vous tiendra compte de ce que vous aurez
fait ici-bas.

CONSTANCE.

C'est pour cela que je doute.

Mme BARDEL.
Et moi, je suis tranquille ; quand on emploie
aussi noblement que vous le faites, la fortune...

CONSTANCE.
Il faut bien partager ce que le hasard vous envoie.

BENJAMIN, à part.
Les guinées des milords et des princes russes.

Mme BARDEL.
Que le ciel vous en envoie toujours autant...
ne fût-ce que dans l'intérêt des pauvres !

CONSTANCE.
Merci pour eux... et pour moi !

Mme BARDEL, à Benjamin.
Ah ! mon ami, si tu savais quelle obligeance et
quelle bonne grâce ! j'en ai fait l'épreuve l'hiver
dernier... La mère Godard , ma voisine , se mou-
rait de maladie , ou plutôt de misère... un matin,
j'ai eu recours à madame la comtesse qui venait
assister à l'office ; et , sans me questionner, sans
me connaître , elle m'a sur-le-champ donné sa
bourse, qui contenait plusieurs pièces d'or.

BENJAMIN.
Ça ne m'étonne pas.

CONSTANCE.
Ma foi ! je l'avais oublié.

Mme BARDEL.
Il n'y a que dans la noblesse que l'on trouve tant
de générosité, parce qu'il n'y a que la noblesse
qui ait conservé des idées religieuses.

CONSTANCE, à demi-voix , à Benjamin.
Si je lui disais que je suis actrice ?

BENJAMIN, de même.
Vous ne seriez plus bonne qu'à être damnée !

CONSTANCE.
Alors, j'ai tout bénéfice à garder l'incognito !

AIR : du couplet final de Mme Favart.

A la comtesse prétendue
Laissons tout l'honneur du bienfait.

BENJAMIN.

V'là comm' sur terre on attribue
A cell'-ci ce qu'une autre a fait !
En bien , en mal, que de mécomptes !
Que d'erreurs !

CONSTANCE.

Qu'importe ? plus tard
Le ciel examine les comptes ,
Et de chacun refait la part.

Mme BARDEL.
J'entends sonner dix heures trois quarts : c'est
le moment où la location donne et où l'on se dis-
pute les chaises... il faut que je sois là pour faire
la recette... je suis obligée de vous quitter...
Sans adieu , madame la comtesse.

CONSTANCE.
Au revoir, madame. (Elle la salue avec une dignité affectée.

Mme BARDEL, en s'en allant.
Cette personne - là sent la femme de qualité
d'une lieue. (Elle sort.)

SCÈNE VIII.
BENJAMIN, CONSTANCE,

CONSTANCE.
Oh ! la vieille folle ! j'ai manqué vingt fois éclater
de rire à son nez.

BENJAMIN.
Que je vous sais gré d'avoir gardé votre sérieux !

CONSTANCE.
D'autant plus que ce n'est pas mon habitude.
Maintenant il s'agit de me recopier mon rôle.

BENJAMIN.
Il vous manquait seulement quelques feuillets ;
je vais les retrouver.

CONSTANCE.
Dépêche-toi ; ma voiture est en bas... je t'em-
mènerai au théâtre , à la répétition.

BENJAMIN.
Est-ce qu'il y en a une ce matin ?

CONSTANCE.
Tu le sais bien... on donne demain la pièce
nouvelle.

BENJAMIN.
Mais je devais chanter aujourd'hui à la paroisse.

CONSTANCE.
Il est des accommodemens avec le ciel ; mais il
n'y en a pas avec le public.

BENJAMIN.
Allons, je vous suis.

SCÈNE IX.
LES MÊMES, MARDOCHE.

MARDOCHE, arrêtant Benjamin.
Halte-là !... où cours-tu si vite ?

CONSTANCE.
De quoi se mêle-t-il , celui-là ?

BENJAMIN.
Il faut que je sorte avec madame.

MARDOCHE.
Du tout, je m'y oppose... tous nos chantres
sont réunis dans la sacristie... il ne manque plus
que toi et je viens te chercher.

BENJAMIN.
Impossible !

MARDOCHE, étonné.
Qu'est-ce à dire ? On t'attend à l'église.

CONSTANCE, à mi-voix à Benjamin.
On t'attend au théâtre.

BENJAMIN.
Je ne puis pas être partout.

MARDOCHE.
J'ai promis de te ramener.

CONSTANCE.

Je ne partirai pas sans lui !

MARDOCHE.

M. le marguillier est sévère !

CONSTANCE.

Notre régisseur n'est pas bon !

BENJAMIN.

Fragment du dernier acte de Robert-le-Diable.

Quel embarras !
Hélas ! que faire ?

MARDOCHE.

Suis-moi !

CONSTANCE.

Suis-moi !

MARDOCHE et CONSTANCE.

N'écoute pas

MARDOCHE.

Cette femme...

CONSTANCE, avec ironie.

Ce militaire...

MARDOCHE et CONSTANCE.

Viens avec moi, viens, suis mes pas.
Il m'appartient... Non pas... non pas.

BENJAMIN.

O conflit déplorable !
Qui peut me coûter cher !
Me voilà, sort damnable !
Entre le ciel et l'enfer !...
Absolument comme Robert-le-Diable ;
Non, rien n'y manque, excepté les démons ?

On entend dans la pièce à droite les camarades de Benjamin, qui répètent en chœur : *Buvons ! buvons !*)

BENJAMIN.

Serait-ce eux que nous entendons ?

MARDOCHE et CONSTANCE.

Quels sont ceux que nous entendons ?

SCÈNE X.

LES MÊMES, LES CHORISTES.

Ils sortent tous tenant une bouteille à la main et chantant
le chœur de *la Juive.*

LE CHŒUR.

Ah ! pour nous quelle heureuse chance !
Quel bienfait de la providence !
Répétons à l'envie ce refrain :
Du vin ! du vin ! du vin !

BENJAMIN.

Où diable ont-ils trouvé ces bouteilles-là ?

MARDOCHE.

C'est le vin de liqueur de M. le curé qu'ils ont
mis au pillage... Je l'avais caché là-dedans.

BENJAMIN.

Ils ont cru que c'était à moi.

MARDOCHE.

Était-ce une raison pour le prendre ?... Et
comment reçois-tu des Vandales aussi altérés du
vin d'autrui ?

PLUSIEURS CHORISTES.

Des Vandales ?

MARDOCHE.

Des pillards, si vous l'aimez mieux.

CONSTANCE, à Mardoche, qui a porté la main
sur son épée.

Doucement, monsieur ! la colère sied mal à votre
caractère...

MARDOCHE.

Ce sont des infâmes !

CONSTANCE.

Ce sont de braves gens, camarades de Benjamin,
et, comme lui, choristes au théâtre où je remplis
les premiers rôles.

MARDOCHE.

Il se pourrait !

BENJAMIN, à part.

Aïe ! aïe ! aïe !

MARDOCHE.

Des choristes ! et une comédienne !

CONSTANCE.

Qui, par parenthèse, rendra incessamment le pain
bénit à votre paroisse.

MARDOCHE.

Il ne manquerait plus que cela !.. Qui ? moi, un
des soldats du saint roi David, j'ouvrirais proces-
sionnellement la marche devant une... je n'ose pas
répéter le mot... jamais... jamais.

CONSTANCE.

Ce sera pourtant comme ça !

MARDOCHE.

Je briserais plutôt ma hallebarde.

BENJAMIN.

Te voilà tout furieux !

MARDOCHE.

Au contraire... je suis enchanté... car je vais
tout apprendre à M. le curé et à Mme Bardel.

BENJAMIN.

Quoi ! tu serais capable !..

MARDOCHE, à part.

C'est de bonne guerre entre rivaux ! malheureusement c'est l'heure où nous avons foule et la brave
femme est trop occupée... je la verrai plus tard...
(A demi-voix.) Quant à M. le curé, on peut lui
écrire... (Haut, en passant près de Benjamin.) Ah !
mon gaillard !

LE CHŒUR.

Air : Que j'suis content.

Salut au brillant militaire,
Qui du temple est le défenseur !
La hallebarde meurtrière
Dans ses mains n'a jamais fait peur.
Honneur, honneur à sa valeur !

(Mardoche sort, suivi des choristes qui l'accompagnent en
chantant.)

SCÈNE XI.

BENJAMIN, CONSTANCE.

CONSTANCE.

Ils se moquent de lui et ils ont raison ; il méritait cette leçon-là.

BENJAMIN.

Oui, mais elle va me coûter cher... c'est sur moi que tout va retomber !

CONSTANCE.

Sur toi ?

BENJAMIN, pleurnichant.

Adieu, le bonheur que j'espérais !... ni, ni, c'est fini ! Il n'y faut plus penser !

CONSTANCE.

Comment donc ?

BENJAMIN.

Imaginez-vous que je recherche en vrai et légitime mariage une jeune et jolie personne, qui a toutes les qualités, tous les mérites, avec un seul inconvénient, celui de posséder une tante atroce, qui s'adonne à la location des chaises et n'a jamais exercé d'autre industrie.

CONSTANCE.

Je la connais ; c'est elle que j'ai vue ici.

BENJAMIN.

Précisément... une vieille femme farcie de préjugés et encroûtée de cagotisme depuis la plante des pieds jusqu'aux cheveux. Je m'étais bien gardé de lui dire que j'étais attaché à un théâtre... ce mot seul est capable de lui donner une attaque de nerfs, quoiqu'elle ait passé l'âge où il est permis d'en avoir.

CONSTANCE.

Ah! mon Dieu ! et moi qui ai justement dit au suisse...

BENJAMIN.

Ce qu'il ne manquera pas de répéter à la mère Bardel, pour me perdre dans son esprit... en supposant qu'elle en ait. Je me vois déjà affublé des épithètes les plus incohérentes : baladin, mécréant, philosophe, saltimbanque, et autres gentillesses du même dictionnaire, qui n'est pas celui de l'Académie... Ce qu'il y a de pire, c'est qu'il me faudra renoncer à être le mari de mam'zelle Louise.

CONSTANCE.

Pas encore ; je pourrai peut-être réparer le mal que j'ai fait.

BENJAMIN.

Vous croyez ?

CONSTANCE.

Du moins, je l'espère... Et d'abord il ne faut point aller maintenant au théâtre... Je te dispense de la répétition... je paierai l'amende s'il y en a une.

BENJAMIN.

Oui, mam'zelle.

CONSTANCE.

Cours au lutrin où ta présence est réclamée.

CHANTRE ET CHORISTE.

BENJAMIN.

Je crois bien : le second chantre est asthmatique, ce qui le gêne pour filer des sons.

CONSTANCE.

Il s'agit ici de déployer tous tes moyens.

BENJAMIN.

Si ce n'est que ça... je vais faire ronfler les notes basses, et si je ne casse pas les vitres, c'est qu'elles seront fièrement solides, ou placées hors de portée.

CONSTANCE.

Moi, pendant ce temps, j'agirai dans ton intérêt ; quand je veux quelque chose, je le veux bien... et à moins que le diable ne s'en mêle...

BENJAMIN.

Et encore il aurait à qui parler... Je remets dans vos mains ma destinée !

CONSTANCE, le poussant par les épaules.

Va vite! il n'y pas une minute à perdre.

SCÈNE XII.

LES MÊMES, LOUISE.

BENJAMIN, à Louise qui entre.

Ah ! c'est vous, Louise... Tout va bien, j'ai bon espoir ; madame vous expliquera... je n'ai pas le temps d'en dire davantage. (Il sort en courant.)

LOUISE.

Mais, madame, vous connaissez donc mon prétendu ?...

CONSTANCE.

Oui, mon enfant ; nous chantons au même théâtre, et je m'intéresse beaucoup à son bonheur.

LOUISE.

Quoi ! vraiment !...

CONSTANCE.

Je sais que vous seule pouvez l'assurer.

LOUISE, baissant les yeux.

Il me l'a dit, et si ça ne dépendait que de moi...

CONSTANCE.

Il paraît que vous ne seriez pas disposée à refuser ?...

LOUISE.

Mais il faut un autre consentement.

CONSTANCE.

Celui de votre tante ?

LOUISE.

Et il sera difficile de la décider.

CONSTANCE.

Peut-être ; cela me regarde, et je veux la mettre hors d'état de s'opposer à votre mariage.

LOUISE.

Vous n'y parviendrez pas.

CONSTANCE.

Oh ! que si... avec de l'adresse et de l'habitude... Au théâtre, les mariages, c'est notre fort... tous les soirs, nous en faisons trois ou quatre... c'est le moins.

LOUISE, à part.

Cette dame-là est une connaissance bien précieuse !...

2

SCÈNE XIII.

LES MÊMES, Mme BARDEL.

Mme BARDEL, sans les voir.

Je viens de faire ma récolte de numéraire...
quarante-huit sous! dont douze en pièces de six
liards; c'est bien peu!...

CONSTANCE, à Louise.

Justement voici madame votre tante.

Mme BARDEL, se retournant.

Louise avec madame la comtesse!

LOUISE.

Qui me priait d'aller vous chercher.

Mme BARDEL.

Quoi! je serais assez heureuse pour que vous
eussiez besoin de moi?

CONSTANCE.

Oui, j'ai un petit service à vous demander.

Mme BARDEL.

Parlez, madame, je suis tout oreilles.

CONSTANCE.

Je connais peu de monde, et vous devez en connaître beaucoup!

Mme BARDEL.

Mais à peu près tout le quartier... De quoi s'a-
git-il?

CONSTANCE.

J'ai une place à donner.

Mme BARDEL.

C'est facile... il y a tant de gens qui en veulent!
Est-elle un peu conséquente?

CONSTANCE.

Cent écus par an.

Mme BARDEL.

C'est très gentil.

CONSTANCE.

Avec le casuel, ça irait peut-être au double.

Mme BARDEL.

Mais c'est magnifique!

CONSTANCE.

D'autant plus que ça n'occuperait que le soir...
ce serait une bague au doigt.

Mme BARDEL.

Une très jolie bague... Et on voudrait quelqu'un
du sexe?

CONSTANCE.

Assurément.

LOUISE.

Ce serait-il bien difficile?

CONSTANCE.

Non, rien de plus simple!

Mme BARDEL, à Louise.

Mêlez-vous donc de ce qui vous regarde.

CONSTANCE.

Seulement, il faudrait une personne raisonnable,
posée, qui eût de bonnes manières...

Mme BARDEL.

Oui, une femme d'âge... pas trop détériorée... je

vois ce qui conviendrait... et si vous voulez me
dire ce que c'est.

CONSTANCE.

Une place d'ouvreuse de loges dans un théâtre.

Mme BARDEL.

Ah! mon Dieu!

CONSTANCE.

Qu'avez-vous?

Mme BARDEL.

Rien... (A part.) Ouvreuse de loges!

CONSTANCE.

Au théâtre du *Palais-Royal.*

Mme BARDEL.

Ah! si c'est un théâtre royal.

CONSTANCE.

Très haut placé dans l'opinion.

Mme BARDEL.

Cela change la thèse.

CONSTANCE.

C'est tout différent... société choisie et distin-
guée...

Mme BARDEL.

Et l'on y aurait de la considération?

CONSTANCE.

Je crois bien... un poste de confiance : les baignoires de rez-de-chaussée!

Mme BARDEL, ouvrant de grands yeux.

En vérité...

CONSTANCE.

Vous sentez qu'il faut là de la tenue et de la
discrétion.

Mme BARDEL.

Qualités assez rares!

CONSTANCE.

Voyez, parmi vos connaissances...

Mme BARDEL.

Oui, je pense bien que je trouverai ça.

CONSTANCE.

Mais dépêchez-vous, car il faut une réponse
avant ce soir.

Mme BARDEL.

Vous l'aurez!

AIR : Ensemble nous avons servi.

Mme BARDEL, à Louise.

Allons, reconduisez, petite...

CONSTANCE, à Mme Bardel.

Je ne peux trop vous inviter
A faire votre choix bien vite.

Mme BARDEL.

Oui, je sens qu'il faut se hâter...
Comm' il n'y a pas d' plac's à prendre
Pour tous ceux qui courent après,
Elles se font souvent attendre;
Mais elles n'attendent jamais.

ENSEMBLE.

CONSTANCE.

Vous aurez bientôt ma visite...

Je ne peux trop vous inviter
A faire votre choix bien vite...
Vous sentez qu'il faut se hâter.
LOUISE, à Constance.
Avec moi vous n'êtes pas quitte...
Revenez donc nous visiter,
Pour assurer la réussite
D'un bonheur qu'il faut compléter.
Mme BARDEL.
Allons, reconduisez, petite...
(A Constance.)
J'espère bientôt vous citer
Une personne de mérite...
Mais je sens qu'il faut se hâter.
(Constance et Louise sortent ensemble par le fond du
théâtre.)

SCÈNE XIV.

Mme BARDEL.

Cent écus par an, sans compter le reste !... Je
connais bien quelqu'un à qui cela conviendrait...
(Regardant de droite et de gauche s'il n'y a personne
qui puisse l'entendre.) C'est moi !.. Je pourrais par-
faitement concilier ça avec mes chaises... Je sais
bien que ça me donnerait bien du tracas... mais
on s'arrangerait en conséquence : une chose le
matin, l'autre le soir... et avec un peu d'ordre...
Je n'ai pas osé m'expliquer devant ma nièce... ce
n'est pourtant pas elle qui m'embarrasse le plus...
ce sont les deux futurs... ils ont des principes si
exagérés !... Benjamin surtout, il est d'une pru-
derie ! cet homme-là a manqué sa vocation, il a
oublié de venir au monde à l'époque des moines...
on en aurait fait un saint... et il serait aujourd'hui
sur le calendrier !...

SCÈNE XV.

Mme BARDEL, BENJAMIN.

BENJAMIN, à part.
Bon! la voilà !.. Peut-être que Mardoche ne lui
a pas encore parlé.
Mme BARDEL, à part.
Il faudra pourtant bien lui dire ce qui en est.
BENJAMIN, à part.
Si je commençais par la prévenir... ça vaudrait
mieux, parce que je donnerais à la chose une cer-
taine couleur.
Mme BARDEL, se retournant.
Ah! c'est toi, mon ami... je suis bien aise que
tu sois remonté... Pousse la porte; nous avons à
causer.
BENJAMIN.
De quoi donc, madame Bardel ?
Mme BARDEL.
Je vais te le dire...

BENJAMIN, à part.
Du mystère! elle sait tout !
Mme BARDEL.
Avant que tu deviennes de ma famille, il est bon
d'avoir une explication... Il est quelquefois des
positions difficiles...
BENJAMIN.
A qui le dites-vous ?
Mme BARDEL.
Les places les plus honorables ne suffisent pas
toujours...
BENJAMIN.
Ce sont celles qui rapportent le moins.
Mme BARDEL.
Et comme avant tout il faut exister...
BENJAMIN.
Il n'y a pas de doute.
Mme BARDEL.
Le ciel ne peut pas trouver mauvais qu'on en
cherche les moyens.
BENJAMIN.
Au contraire, il est trop éclairé...
Mme BARDEL, avec beaucoup d'embarras.
Benjamin, nous n'avons jamais parlé... théâtre.
BENJAMIN, à part.
Ouf!... (Haut.) Je sais que ça ne peut pas entrer
dans vos idées... quand on est aussi pieuse que
vous...
Mme BARDEL, baissant les yeux.
Sans doute... mais...
BENJAMIN.
Une invention diabolique, imaginée par Satan
lui-même dans un accès de gaîté... car c'est lui,
à ce qu'on prétend, qui a chanté le premier couplet
de vaudeville.
Mme BARDEL.
Hélas! ce serait donc pour ça que le théâtre...
BENJAMIN.
Est excommunié et déshérité de l'autre monde.
Mme BARDEL.
Oui, mais dans celui-ci, c'est une industrie to-
lérée...
BENJAMIN.
Encouragée, même par le gouvernement... cela
fait vivre une foule de gens qui courent à leur
perte en jouant.
Mme BARDEL.
Peut-être... il faut distinguer... ils ne sont pas
tous aussi coupables...
BENJAMIN.
En effet.
Mme BARDEL.
Souvent les circonstances vous obligent... et
quand on apporte au théâtre des principes...
BENJAMIN.
Comme il en faut.
Mme BARDEL.
Et qu'on sait les conserver...
BENJAMIN.
Vous pensez qu'alors...

Mme BARDEL, montrant le ciel.

On a droit de compter sur l'indulgence...

BENJAMIN.

Je suis tout à fait de votre avis.

Mme BARDEL, à part.

Il y vient donc !

BENJAMIN, à part.

Je ne la croyais point si judicieuse.

Mme BARDEL.

Ce que c'est que de s'entendre !

BENJAMIN.

Ça ne nous était point encore arrivé... je vous connaissais mal... je vous supposais des idées vulgaires et mesquines...

Mme BARDEL.

Moi ?...

BENJAMIN.

Je croyais toutes vos facultés absorbées par l'usage immodéré de la paroisse... et que le nom seul de théâtre vous faisait frémir d'une sainte horreur.

Mme BARDEL.

Par exemple !

BENJAMIN.

Je n'aurais jamais osé vous dire : Celui que vous voyez devant vous s'est souvenu du proverbe : « Aide-toi, le ciel t'aidera ; » il a voulu fuir la paresse, utiliser ses soirées ; il en est venu à bout, et sans sacrifier ses autres devoirs : il est monté sur les planches...

Mme BARDEL.

Heim ?

BENJAMIN, avec volubilité.

Et depuis plus de six mois, il fait partie de cette bande joyeuse qui dessert, en chantant, le temple de la Folie.

Mme BARDEL.

Qu'est-ce que tu m'apprends-là ?

BENJAMIN.

Ce qui n'était déjà plus un secret pour vous... et si, quelque soir, il vous était agréable de m'entendre...

Mme BARDEL, lui fermant la bouche.

Veux-tu te taire !... on vient !

SCÈNE XVI.

LES MÊMES, LOUISE, MARDOCHE.

LOUISE.

Non, vous ne le direz pas !

MARDOCHE.

Si, mademoiselle, je le dirai !... ma conscience m'ordonne de parler... (Descendant la scène en élevant la voix.) Infamie !... horreur !... servir deux maîtres à la fois !

BENJAMIN.

Ménage tes moyens, tu vas t'enrouer !

MARDOCHE.

Non, plus de ménagemens !... Je cède à ma colère !...

LOUISE, d'un ton suppliant.

Monsieur Mardoche !

MARDOCHE.

Il faut que ça parte ! (A Mme Bardel.) Apprenez qu'il vous trompait, qu'il nous trompait tous... et qu'avec son air de sainte n'y touche, il est, depuis plus de six mois attaché à un théâtre !

Mme BARDEL, avec dignité.

Je le savais !

MARDOCHE, s'échauffant.

Et vous le souffrez en votre présence !.. vous ne redoutez pas son souffle impur...

BENJAMIN.

Va toujours !

MARDOCHE.

Vous ne criez point d'une voix indignée : *Vade retro, Satanas* !

Mme BARDEL.

Monsieur Mardoche, vous êtes un intolérant !

MARDOCHE.

Est-ce que vous seriez un philosophe, madame ?

Mme BARDEL.

Je ne dis pas cela... mais je trouve que votre langage n'est pas de ce siècle... ce n'est pas comme ça qu'on s'exprime en France !

BENJAMIN.

Pardine ! il parle *suisse* !

MARDOCHE, avec colère.

O saint Ignace et saint Pancrace !

BENJAMIN.

A-t-il l'air cocasse !

Mme BARDEL.

A mes yeux, Benjamin n'a point démérité...

LOUISE.

Très bien, ma tante !

Mme BARDEL.

Et je ne vois pas pourquoi je ne lui donnerais pas ma nièce.

MARDOCHE.

Eh bien ! en ce cas, vous la donnerez à un proscrit, à quelqu'un qui n'a plus de place.

Mme BARDEL et BENJAMIN.

Comment ?

MARDOCHE.

Oui, madame ; et M. le marguillier, avec qui j'en ai causé, par hasard, m'a dit qu'on ne pouvait pas garder Benjamin et qu'il fallait lui chercher un successeur !

LOUISE.

O ciel !

Mme BARDEL.

Je ne pensais pas...

MARDOCHE, à Benjamin.

Qu'en dis-tu ?

BENJAMIN, sans l'écouter.

C'est fait de moi !

MARDOCHE, prenant une prise de tabac.

Nous ne voulons pas chez nous de serviteurs à double face.

BENJAMIN, entre ses dents.

Gare que je tombe sur la tienne... saint Pancrace !...

Mme BARDEL., à part.

C'est bon à savoir!... Je ne prends plus la place de l'autre... heureusement je n'ai pas dit que c'était pour moi que je la voulais... (Apercevant Constance qui entre.) Prenons garde.

SCÈNE XVII.

LES MÊMES, CONSTANCE.

CONSTANCE.

Oh! je suis bien aise de vous trouver réunis.

Mme BARDEL s'avançant, et avec respect.

Et moi, bien fâchée de la peine que vous avez prise, madame la comtesse!

MARDOCHE, la prenant par le bras.

Qu'est-ce que vous dites là?... Ça une comtesse!

Mme BARDEL.

Je l'ai toujours appelée ainsi!

MARDOCHE.

Mais c'est une comédienne!

Mme BARDEL.

Ah! mon Dieu! et moi qui l'ai saluée!

BENJAMIN.

N'avez-vous pas peur d'attraper une courbature.

CONSTANCE.

Non, mais elle craint de se compromettre... Soyez tranquille; je sors de chez M. le curé...

MARDOCHE, haussant les épaules.

Comme si c'était là sa place!

CONSTANCE.

Pourquoi pas?... J'avais à lui parler au sujet du pain bénit qu'il m'a priée de rendre! Il m'a reçue avec beaucoup de bienveillance et de bonté.

MARDOCHE, à Mme Bardel.

Il a comme ça des distractions!

CONSTANCE, à Benjamin.

J'ai profité du moment pour lui parler de ce qui t'intéresse, pour lui raconter ce qu'on avait déjà eu soin de lui apprendre... que tu étais choriste à notre théâtre.

BENJAMIN.

Ah! (Avec hésitation.) Et ça l'a rendu furieux?..

CONSTANCE.

Non, il est resté calme et bon... il s'est souvenu de l'abbé Pellegrin qui dînait de l'autel et soupait du théâtre...

BENJAMIN.

Certainement.

MARDOCHE et Mme BARDEL.

Un abbé!

BENJAMIN.

C'était bien plus fort.

CONSTANCE.

« Je suis, m'a-t-il dit, de bonne composition » avec les artistes; je ne vois pas d'inconvénient à » ce que l'on joue le matin du serpent et le soir de » la clarinette... c'est toujours de la musique. »

BENJAMIN, montrant son gosier.

Et moi qui ne change pas d'instrument.

CONSTANCE.

Ce que M. le curé n'aime pas, c'est qu'on dé-

nonce ses camarades; il pense que l'essentiel est d'être honnête homme, et que Benjamin, son premier chantre, peut, comme beaucoup de grands personnages, occuper deux places et manger à deux rateliers.

BENJAMIN.

C'est juste... quand on a un gros appétit.

LOUISE.

Que de bonté!

Mme BARDEL.

Que de tolérance!

MARDOCHE.

Ça vous transporte!... Vive M. le curé!

BENJAMIN, à Louise.

Ce sera lui qui bénira notre mariage!

MARDOCHE, à Benjamin.

Ah! je ne t'en veux pas, et puisqu'il te pardonne, j'oublie tout.

BENJAMIN.

Est-il généreux, ce gaillard-là!

Mme BARDEL, tirant Constance par sa robe, et à demi-voix.

Madame... j'ai trouvé quelqu'un pour la place : c'est moi qui la prendrai...

CONSTANCE.

Et vous ne ferez pas mal.

Mme BARDEL.

Mais, vous n'en parlerez pas.

CONSTANCE.

Je vous le promets.

Mme BARDEL.

Parce qu'avec mes principes...

CONSTANCE.

Vos principes seront très bien placés aux baignoires.

Mme BARDEL.

Dès ce soir, je m'installerai.

MARDOCHE, s'avançant d'un air très humble.

Et quel jour madame se propose-t-elle de rendre le pain bénit?

CONSTANCE.

J'ai choisi dimanche prochain.

MARDOCHE.

Je serai là... en grande tenue, sous les armes, pour rendre les honneurs militaires à qui de droit.

BENJAMIN.

Il paraît que la girouette a tourné du côté de la Suisse.

CONSTANCE, à Mardoche.

Tenez, voici mon offrande.

(Elle lui remet plusieurs pièces.)

MARDOCHE.

Trois pièces d'or!

CONSTANCE.

Et un billet pour vous.

MARDOCHE, le prenant.

Pour moi!... (A part.) Qu'est-ce que ce peut être?... Ces femmes-là sont si généreuses... si c'était un billet de banque!... (L'ouvrant.) Non... de spectacle... « Théâtre du *Palais-Royal*... Nota :

ce billet étant gratis, il sera perçu un franc cinquante pour tous droits!..» Que de reconnaissance!
moi qui ne vais jamais au spectacle... j'ai bien
envie de... ma foi, oui... mais vous n'en direz
rien?...

CONSTANCE.

Soyez sans crainte.

MARDOCHE.

Et... est-ce une place un peu convenable?...

CONSTANCE, à demi-voix.

Une place de baignoires.

MARDOCHE, à part.

Bon! personne ne me verra!

CONSTANCE, à part, montrant Mme Bardel.

A merveille! il y aura là ce soir une reconnaissance!...

CHOEUR FINAL.

Quel sort que celui-là!
Chantre et choriste habile,

Passer d'un vaudeville
Aux chants d'alléluia!...

MARDOCHE, au public.

AIR : Des Frères de lait.

Plusieurs de vous, Messieurs, vont à l'église,

BENJAMIN.

Et sont pourtant du théâtre amateurs...
Ce double aspect peut-être m'autorise
A redouter, pour ce soir, des erreurs...

MARDOCHE.

Pour éviter de fâcheuses erreurs,
Voyez à quoi le local vous engage!...

BENJAMIN.

Applaudissez!... Au besoin criez bis!

MARDOCHE.

Mais n'allez pas à la fin de l'ouvrage
Entonner un De Profundis!...

TOUS.

N'allez pas, etc...

FIN DE CHANTRE ET CHORISTE.

Imprimerie de BOULÉ et Ce, rue Coq-Héron, 3.

LIVRES A TRÈS BON MARCHÉ

Chez Ch. TRESSE, successeur de J.-N. BARBA,

PALAIS-ROYAL, A COTÉ DE CHEVET, DERRIÈRE LE THÉATRE-FRANÇAIS.

Les personnes qui prendront pour 50 fr. et au dessus, recevront leurs commandes franches de port et d'emballage dans toute la France. — Les envois sont suivis en remboursement.

ABRÉGÉ des antiquités nationales, ou Recueil de monumens pour servir à l'histoire de France, par Millin, 4 vol. in-4, 250 planches, 1837. 30 fr.

Œuvres d'Elzéar Blaze.

CHASSEUR (le) au chien d'arrêt, contenant les habitudes, les ruses du gibier, l'art de le chercher et de le tirer, le choix des armes, l'éducation des chiens, leurs maladies, etc., 2e édition, Paris, 1837. 7 fr. 50 c.
La première édition de ce livre instructif et amusant a été épuisée en six mois.

CHASSEUR (le) au chien courant, contenant les habitudes, les ruses des bêtes, l'art de les guetter, de les juger, de les détourner, de les attaquer, de les tirer ou de les prendre de force ; l'Education du limier, des chiens courans, leurs maladies, etc., 2 vol. in-8. 15 fr.

CHASSEUR (le) aux filets, ou la Chasse des dames, contenant les habitudes, les ruses des petits oiseaux, leurs noms vulgaires et scientifiques ; l'art de les prendre, de les nourrir et de les faire chanter en toute saison ; la manière de les engraisser, de les tuer et de les manger ; 1 vol. in-8. 7 fr. 50 c.

LIVRE (le) du roi Modus et de la royne Racio, 1 vol. 50 fr.

ALMANACH (l') des Chasseurs, contenant les opérations cynégétiques de chaque mois de l'année, les pronosticauons faites suivant les calculs du savant Mathieu Lænsberg, des anecdotes sur la chasse, la vie miraculeuse de saint Hubert, patron des chasseurs, 1 vol. in-18, 1839. 1 fr.

VIE (la) militaire sous l'Empire, ou Mœurs de la garnison, du bivouac et de la caserne, 2 vol. in-8. 15 fr.

TRAITÉ de vénerie et de chasse, par Goury de Champgrand. Paris, 1769, 1 vol. in-4, fig. 6 fr.

ESSAI de vénérie, par le comte Desgraviers, 1 vol. in-8. 3 fr.

CHASSE (la) au fusil, par Magne de Marolles, 1 vol. in-8. 12 fr.

CHEFS-D'OEUVRE de Châteaubriand : Génie du Christianisme, 3 vol. in-8 ; les Martyrs, 2 vol., — Réné et Atala, 1 vol. in-8 ; grand-raisin vélin, grand papier, 3 fr. le vol. au lieu de 15 fr.
Chaque ouvrage se vend séparément.

COLLECTION de 104 portraits des hommes illustres du 17e et 18e siècles, dessinés et gravés par Edeling, etc., et une notice sur chacun d'eux, par Perrault. 2 vol. in-folio, cartonné en un vol., par Bradel, 12 fr., broché, 10 fr.

COLLECTION de Mémoires sur la Révolution de 89 ; par Necker. 4 vol. De Bouille, 2 vol. Précis et Tableau par Rabault de St-Etienne et Norvins. 2 vol. Prise de la Bastille par Dussaulx, 1 vol. Tiers-Etat, par Boissy d'Anglas, 1 vol. Louvet, auteur de Faublas, 2 vol. En tout, 12 vol. in-18. 5 fr.

COURS complet d'instruction à l'usage de la jeunesse, par Galland, 6 très forts vol. in-12, ornés de 69 pl. 5 fr.

DESCRIPTION des pierres gravées du cabinet du duc d'Orléans, au nombre de 173 planches et un portrait, 2 vol. pet. in-fol. Au lieu de 120 fr., net, 12 fr.; cartonné à la Bradel. 15 fr.
Cette description, dont le premier volume a été fait par l'abbé Armand, le deuxième par Lachaud et Leblond, explique, reproduit la plus belle collection connue en ce genre d'antiquités. Trois hommes d'esprit se sont associés pour nous faire connaître les trésors que renfermait un des plus curieux cabinets de l'Europe : leur livre offre la lecture la plus piquante et la plus instructive. Jusqu'ici le prix élevé de cet ouvrage ne lui avait laissé accès que dans quelques rares bibliothèques; aujourd'hui le prix auquel il est coté les lui ouvre toutes.

DICTIONNAIRE étymologique de la langue française, par Ménage, 3 vol. in-folio. Ancien prix, 72 fr.; 24 fr. broché, et demi-reliure en 2 vol. 30 fr.

DICTIONNAIRE de l'Académie française, revu et corrigé par elle-même. 2 vol. in-4. 5e édit., 1835, et supplément. 10 fr.
— Idem, reliés en 1 vol. 12 fr.

DICTIONNAIRE des Beaux-Arts, par Millin, de l'Institut, conservateur des médailles des bibliothèques et professeur d'antiquités, etc., 6 vol. in-8, au lieu de 42 fr. 12 fr.

DICTIONNAIRE théâtral, ou douze cent trente-trois vérités sur les directeurs, régisseurs, acteurs, etc., etc. 1 vol. in-12. 1 fr.

DICTIONNAIRE philosophique de Voltaire, 8 très forts vol. in-12, beau papier. 8 fr.
— Idem, 9 vol. in-18, gr. raisin vélin. Doyen, 1820. 8 fr.
Chaque volume de cette édition a coûté 2 fr. de fabrication.

ÉPHÉMÉRIDES universelles, ou Tableau politique, littéraire, scientifique ou anecdotique, représentant pour chaque jour de l'année un extrait des annales de toutes les nations et de tous les siècles, par MM. V. Arnault, Bory de Saint-Vincent, Dulaure, Guizot. Norvins et autres écrivains célèbres. 13 forts vol. in-8, qui contiennent la matière de 30 vol. in-8. 30 fr.
Le tome XIII et dernier contient la table par ordre chronologique et alphabétique.
Les derniers volumes 3 à 13 se vendent séparément 3 fr.

HISTOIRE politique et militaire du prince Eugène, vice-roi d'Italie, pour faire suite à l'histoire de Napoléon par Norvins. 2 beaux vol. in-8, cartes et fig. Au lieu de 15 fr. 6 fr.

HISTOIRE de Jeanne d'Arc, par Michaud et Poujoulat, 1 vol. in-8, portr. 2 fr.

HISTOIRE des Proverbes, Adages, Sentences, Apophtegmes dérivés des mœurs, des usages, de l'esprit et de la morale de tous les peuples anciens et modernes, précédés de l'Histoire abrégée de chaque peuple, par Méry, 3 forts vol. in-8. 12 fr.

HISTOIRE des environs de Paris, par Dulaure. 14 vol. in-8 br. en 7 forts vol., ornés de 100 fig. et d'une très belle carte sur une étendue de 44 lieues sur 68. 30 fr.

HISTOIRE de la révolution d'Espagne en 1820, et de l'Amérique du Sud. 1 vol. in-8 de 400 pages. 1 fr. 50 c.

HISTOIRE philosophique et politique de la Russie depuis les temps les plus reculés jusqu'au règne de Nicolas ; par Esnaux et Chennechot. 5 forts vol.

in-8, impr. sur très beau pap. br. satiné. Ancien prix 35 fr. **7 fr.**

HISTOIRE des chevaliers de Malte, par Vertot, 7 gros vol. in-12 de 5 à 600 pages. **5 fr.**

HISTOIRE de Turenne, contenant les mémoires et correspondances écrits par lui, et publiés par Ramsay. 4 forts vol. in-12, et atlas de 13 grandes planches. Au lieu de 24 fr. **3 fr.**

Cet ouvrage, qui renferme une foule de mémoires, de lettres et de pièces intimes et originales, aurait dû trouver place dans la collection des *Mémoires relatifs à l'histoire de France*. Il est impossible d'allier, plus que ne l'a fait l'auteur, l'intérêt à l'exactitude historique.

ICONES Plantarum Syriæ rariorum, descriptionibus et observationibus illustratæ, auctore La Billardière. 50 pl. *Parisiis*, 1791 à 1812. 1 vol. in-4 br. Au lieu de 25 fr. **8 fr.**

LEÇONS de littérature allemande, par Noël et Stoeber, trad. par De Rome, 2 forts vol. in-8 de 1300 pages petit-romain. **4 fr.**

Nous connaissons bien mal et bien peu en France la littérature allemande. Les noms de trois ou quatre auteurs de cette nation sont seulement venus jusqu'à nous, et cependant sa littérature est une des plus riches, des plus variées. L'ouvrage que nous annonçons, et qui renferme des morceaux choisis d'une foule considérable d'écrivains célèbres en Allemagne, est indispensable tout à la fois à qui désire sortir de cette ignorance commune, et à qui recherche une attachante lecture.

LIGUE des nobles et des prêtres contre les peuples et les rois. 2 vol. in-8. **3 fr.**

Cet ouvrage curieux, où les faits historiques sont rassemblés avec exactitude et présentés d'une manière piquante, avait été jugé digne des persécutions de la défunte censure, qui en a obstinément défendu l'annonce. La lutte de l'aristocratie contre les intérêts nationaux y répand un puissant intérêt.

MÉMOIRES sur l'impératrice Joséphine, ses contemporains, la cour de Navarre et la Malmaison; 2e édition, 3 vol. in-8 br. satinés, couv. imp. Au lieu de 22 fr. **7 fr.**

Ces mémoires, tout à la fois historiques et intimes, sur un des personnages du Directoire, de l'Empire, dont le nom réveille les plus doux souvenirs, sont du petit nombre de ceux que l'histoire conservera. Cet ouvrage peut être considéré comme faisant le complément des *Mémoires de Mme la duchesse d'Abrantès*, et convient au même genre de lecteurs.

INSTRUMENS (les) aratoires d'agriculture, français et étrangers ou inventés par Boitard, rédacteur principal de la société d'agronomie de Paris, etc. Beau vol. in-8, grand raisin, orné de 105 pl., plus de 1000 sujets bien gravés. **5 fr.**

LOIS de Platon, par Grou. 2 vol. in-8° grand papier. Portrait. 3 fr. — *Idem*, in-12. **2 fr.**

MÉMOIRES de Constant, valet de chambre de Napoléon. 6 vol. in-8. Au lieu de 42 fr. **12 fr.**

MÉMORIAL pratique du Chimiste, Manufacturier; trad. de l'anglais de Mackensie sur la troisième édition. 3 vol. in-8, fig. **3 fr.**

Ce livre est à la portée de tout le monde.

NOUVELLES leçons de littérature et de morale, pour faire suite à Noël et Laplace, par Berryat Saint-Prix. *Adopté par l'Université.* 2 forts vol. in-8. **9 fr.**

NOVÆ Hollandiæ Plantarum specimen, auctore La Billardière. Parisiis, 1804 à 1806. 2 vol. grand in-4, br., ornés de 265 planches. Au lieu de 265 fr. **30 fr.**

SERTUM Austro-Caledonicum, auctore La Billardière. 80 pl. *Parisiis*, 1824 à 1825, 2 parties, gr. in-4, br. **12 fr.**

OEUVRES complètes de L.-B. PICARD, de l'Institut. 11 vol. in-8, beau portrait, imprimé par Didot sur beau papier. **40 fr.**

Le tome 11e du théâtre républicain se vend séparément.

OEuvres de PIGAULT-LEBRUN, 30 forts vol. in-8, y compris *le Citateur* et le *Voyage dans le midi de la France*, imprimé sur beau papier, par Didot. Beau portrait. Ancien prix, 160 fr. **75 fr.**

Chaque volume contient 4 volumes in-12.

OEuvres de PIRON, 7 vol. in-8, belle édition.

Notes de Rigoley de Juvigny, beau portrait. Paris, 1776. **12 fr.**

OEuvres de WINCKELMANN, contenant l'histoire de l'art chez les anciens. Remarques sur l'Architecture; Lettres sur les Découvertes faites à Herculanum, et Recueil sur les Arts. 6 vol. in-8, ornés de 27 gravures. **12 fr.**

Les trois derniers volumes se vendent séparément.

OEuvres de VOLTAIRE, dites des honnêtes gens. 40 forts vol. in-12, brochés. Neuchâtel, 1773. **20 fr.**

OEuvres complètes de BOURDALOUE. 15 forts vol. in-12. Paris, 1716. **12 fr.**

PROMENADE de Dieppe aux montagnes d'Ecosse, par Charles Nodier; 1 joli vol. in-12, fig. enluminées, et cartes d'Ecosse, par Decailleux. **2 fr.**

RECHERCHES sur les costumes, les mœurs, les usages religieux, civils et militaires des anciens peuples, par Maillot et P. Martin, 6 vol. in-4, y compris 3 vol. d'atlas de 288 planches. Impr. par Didot ainé, 1804. **30 fr.**

RECUEIL de monumens antiques, inédits, avec une Dissertation de l'ancienne Gaule, par Grivaud de la Vincelle, 3 vol. in-4, dont un atlas de 40 planches, contenant plus de 400 sujets bien gravés, pour faire suite aux ouvrages de la Sauvagère, Millin et autres. Papier vélin. **36 fr.**

— *Idem*, demi-reliure en un fort vol., dos de maroquin, et l'atlas colorié ou peint avec le plus grand soin, pap. vélin. **50 fr.**

THÉORIE des sentimens moraux, ou Essai analytique sur les principes des jugemens que portent naturellement les hommes, par Adam Smith, traduit de l'anglais sur la 7e édition, par Mme Grouchy, marquise de Condorcet; deux forts vol. in-8. Paris, Barrois ainé, 1831; 2e édit., corrigée et augmentée. **3 fr.**

Avant la réimpression de ce livre il se vendait 20 fr.

THÉORIE de la coupe des pierres, par Frezier; 4 vol. in-4, dont un à 114 planches. Au lieu de 75 fr. **15 fr.**

Il n'est pas besoin de faire ressortir l'utilité d'un ouvrage que l'élévation de son prix empêchait seule de devenir le Manuel des architectes et des ouvriers qui travaillent la pierre.

TRAITÉ de la législation des théâtres, ou Exposé complet et méthodique des lois et de la jurisprudence qui ont rapport aux théâtres, etc., par MM. Vivien et Edmond Blanc; 1 vol. in-8 de 500 pages. Au lieu de 7 fr. **3 fr.**

VIES des peintres flamands, allemands, et hollandais, par Decamps, ornés de 168 portraits du célèbre Fiquet, bonne édition. 1753. 5 vol. in-8, y compris le voyage de la Flandre et du Brabant, avec des notes de Rohn et l'itinéraire des coches d'eau, bateaux à vapeur et chemins de fer. **40 fr.**

VOYAGE (le), tome 5, se vend séparément 5 fr.

VOYAGE en Italie, par Delalande; 9 forts vol. in-12 de 600 pages chacun, et un atlas de 30 planches; 2e édition. Paris. **9 fr.**

VOYAGE chez les Birmans, dans l'Inde et dans la Chine, ou testament de l'Usurpateur d'Alompra, 3 vol. in-8. **9 fr.**

VOYAGE dans le midi de la France, par Millin. 5 très forts vol. in-8, et un bel atlas de 80 planches, imprim. impériale. **25 fr.**

— *Le même*, papier vélin. Quelques figures coloriées. **35 fr.**

VOYAGES PREMIER ET SECOND dans l'intérieur de l'Afrique par le cap de Bonne-Espérance, par F. Levaillant. 5 vol. in-8 et atlas de 43 planches. Au lieu de 48 fr. **15 fr.**

On vend séparément le deuxième Voyage, 2 vol. in-8, atlas de 23 planches, y compris la belle et grande carte d'Afrique. **9 fr.**

La carte séparément, au lieu de 6 fr. **3 fr.**

VOYAGE pittoresque à Naples et en Sicile, par Saint-Non, 4 vol. in-8 de texte et un atlas contenant 558 planches bien gravées, 2 vol. in-fol., cartonné à la Bradel, dos en percaline. **130 fr.**

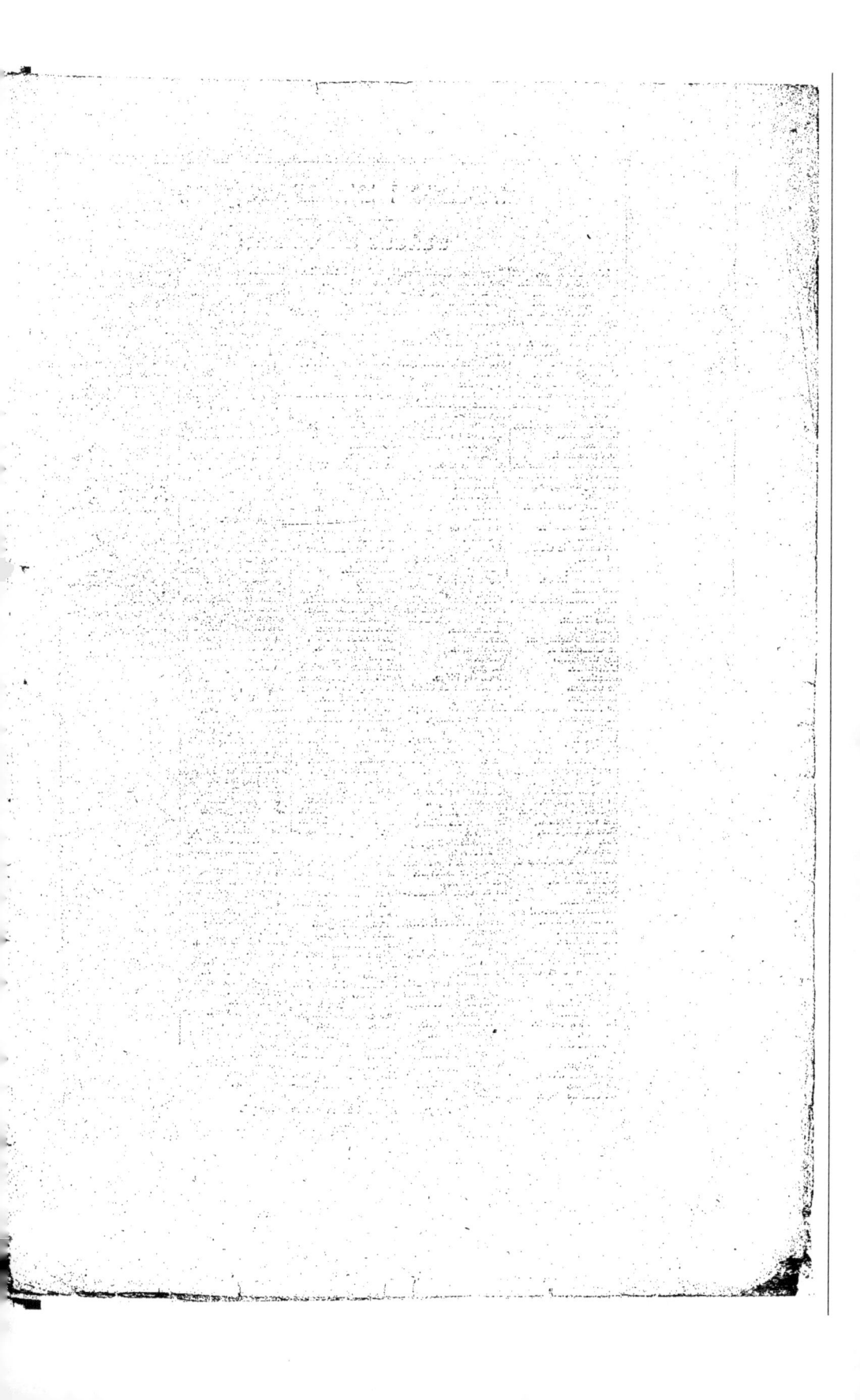

FRANCE DRAMATIQUE.

PIÈCES EN VENTE:

La Seconde Année.
L'École des Vieillards.
L'ours et le Pacha.
Le Camarade de lit.
Le Mari et l'Amant.
Les Malheurs d'un Amant heureux.
Henri III et sa cour.
Un Duel sous le cardinal de Richelieu.
Calas, de Ducange.
Michel et Christine.
Le Mariage de raison.
L'Homme au Masque de fer.
La Jeune Femme colère.
L'Incendiaire.
La Vieille.
Le Jeune Mari.
La Demoiselle à marier.
Les Vêpres Siciliennes.
Le Budget d'un jeune ménage.
L'Auberge des Adrets.
Philippe.
La Dame Blanche.
Toujours.
Dix ans de la vie d'une femme.
Le Lorgnon.
Bertrand et Raton.
Une Faute.
Le ci-devant jeune homme.
Marie Mignot.
Pourquoi?
Richard D'Arlington.
La Chanoinesse.
Les Comédiens.
L'Héritière.
Léontine.
Le Gardien.
Dominique.
Le Philtre Champenois.
Le Chevreuil.
Le Charlatanisme.
Vert-Vert.
Brueis et Palaprat.
Une Fête de Néron.
Le Mariage extravagant.
Le Paysan perverti.
Pinto, en 5 actes.
La Carte à payer.
Le Mari de ma femme.
Les vieux Péchés.
Luxe et Indigence.
Zoé.
Louis XI.
Ninon chez madame de Sévigné.
Robin des Bois.
Marius.
Marie Stuart.
Les Rivaux d'eux-mêmes.
La famille Glinet.
Les Héritiers.
Jeanne d'Arc.
Les Maris sans femmes.
L'Assemblée de famille.
Mémoires d'un colonel de Hussards.
Le Paria.
Les Deux Maris.
Le Médisant.
La Passion secrète.
Rabelais.
Les Deux Gendres
Estelle.
Trente Ans.
Le Pré-aux-Clercs.
La Poupée.
La Tour de Nesle.

Changement d'uniforme.
Une Présentation.
Madame Gibou et Madame Pochet.
Est-ce un rêve.
Fra Diavolo.
Robert-le-Diable.
Le Duel et le Déjeuné.
Zampa.
Avant, Pendant et Après.
Les Projets de mariage.
Un premier Amour.
Napoléon, ou Schœnbrunn et Ste-Hélène.
La Courte-Paille.
Le Hussard de Felsheim.
1760, ou les trois chapeaux.
Rigoletti.
Robert Macaire.
Frédegonde et Brunehaut
Gustave III.
Elle est folle.
L'Abbé de l'Épée.
Un Fils.
Infortunes de M. Jovial.
M. Jovial.
Victorine.
Catherine, ou la croix d'or
La Belle-mère et le gendre
Heur et Malheur.
Il y a Seize ans.
L'Héroïne de Montpellier
C'est encore du Bonheur.
La Mère au bal, et la Fille à la maison.
Jean.
Les Étourdis.
Valérie.
Faublas.
Picaros et Diégo.
La Démence de Charles VI.
Une Heure de Mariage.
Madame du Barry.
Le Chiffonnier.
Le Marquis de Brunoy.
Le Voyage à Dieppe.
Les Anglaises pour rire.
La Fille d'honneur.
Un Moment d'imprudence
Le Dîner de Madelon.
Les Deux Ménages.
Le Bénéficiaire.
Les Malheurs d'un joli Garçon.
Robert, chef de Brigands.
Michel Perrin.
Une Journée à Versailles.
Le Barbier de Séville.
Les Cuisinières.
Le nouveau Pourceaugnac.
Marie.
Le Secrétaire et le Cuisinier.
Clotilde.
Le Bourgmestre de Saardam.
Le Roman.
Le Coin de rue, ou le Rempailleur de chaises
Le Célibataire et l'homme marié.
La Maison en loterie.
Les Deux Anglais.
Le Mariage impossible.
La Ferme de Bondi.
Werther.
La Prison d'Edimbourg.
La première Affaire.
Famille de l'apothicaire.

Don Juan d'Autriche.
L'Enfant trouvé.
Le Poltron.
Le Facteur.
Misantropie et Repentir.
Le Châlet.
Perrinet Leclerc.
Moirond et Compagnie.
Agamemnon.
Chacun de son côté.
Le Vagabond.
Thérèse.
Sans Tambour ni Trompette.
Marino Faliero.
Fanchon la Vielleuse.
Prosper et Vincent.
Glenarvon.
Le Conteur.
Le Caleb de Walter-Scott.
La Dame de Laval.
Carlin à Rome.
Les Deux Philibert.
Les Couturières.
Couvent de Tonnington.
Le Landaw.
Une famille au temps de Luther.
Les Poletais.
Honorine.
Angéline.
La Princesse Aurélie.
Les Petites Danaïdes.
Sophie Arnould.
Un mari charmant.
Les deux Frères.
Madame Lavalette.
La Pie voleuse.
La Famille improvisée.
Les Frères à l'épreuve.
Le marquis de Carabas
La Belle Écaillère.
Les Deux Jaloux.
La Laitière de Montfermeil.
Les Bonnes d'Enfans.
Farrack le Maure.
Monsieur Sans-Gêne.
Madame de Sévigné.
M. Chapolard.
La Camargo.
Préville et Taconnet.
Le Bourru bienfaisant.
La Fille de Dominique.
Le Philosophe sans le savoir.
Rossignol.
Deux vieux Garçons.
La jeunesse du duc de Richelieu.
Le Père de la Débutante.
L'Avoué et le Normand.
La Juive.
Un Page du Régent.
Les Indépendants.
Les Huguenots.
Mal noté dans le quartier.
L'Idiot, dr. en 4 actes.
Suzette.
Guillaume Colmann, dr. en 5 actes.
Les Deux Edmond.
Le Serment de Collége.
La Vie de Garçon.
La Camaraderie.
Le Commis-Voyageur.
La Liste de mes Maîtresses.
Alix, ou les Deux mères.
99 Moutons et un Champenois.

Harnali, parodie.
Un Ange au 6e étage.
Frascati, vaud. en 5 act.
La Cocarde tricolore.
La Muette de Portici.
La Foire Saint-Laurent.
Clermont.
Le Pioupiou, v. en 5 act.
Le Perruquier de la Régence.
Le Chevalier du Temple.
Le Mariage d'argent.
Le Camp des Croisés avec préface et Lettre de V. Hugo à l'auteur.
Mademoiselle d'Aloigni.
Une vision, ou le Sculpteur.
Le Bourgeois de Gand.
Le Pauvre Idiot, d 5 act.
Louise de Lignerolles, drame en 5 actes.
L'Homme de soixante ans
Marguerite.
La Belle-Sœur.
Céline la Créole, ou l'opinion, dr. en 5 actes.
Mlle Bernard, ou l'autorité paternelle.
Précepteur à vingt ans.
Madame Grégoire.
La Cachecha.
Samuel le marchand, dr. en 5 actes.
Guillaume Tell, op. 4 a.
Henri Hamelin, dr. 5 act.
Un testament de dragon.
Le Ménestrel, com. 5 a.
Les Bayadères de Pithiviers, vaud. en 5 tab.
Peau d'Âne, en 5 a.
L'ouverture de la Chasse.
La Vie de Château.
L'Obstacle imprévu.
Richard Savage, dr. 5 a.
Le Grand-Papa Guérin.
Le Général et le Jésuite, drame en 5 actes.
La Boulangère a des écus.
Don Sébastien de Portugal, trag. en 5 actes.
C'est Monsieur qui paie.
Mademoiselle Clairon.
Ruy-Brac, parodie de Ruy-Blas.
Une Position délicate.
Randal, dr. en 5 actes.
L'Enfant de Giberne.
Sept Heures.
Un bal de Grisettes.
Candinot, Roi de Rouen.
Françoise et Francesca.
La Mantille.
Les Trois Gobe-mouches.
Le Postillon franc-comtois.
Mademoiselle Nichon.
Dagobert.
Les Maris Vengés.
Une Sainte-Hubert.
La Fille d'un Voleur.
Les Serments.
Le Planteur.
Jaspin, com.-vaud.
Le Père Pascal.
Nanon, Ninon et Mantenon.
Phœbus.
Camarades du ministre.
Vingt-six ans.
La Canaille.
L'Éclair.

L'intérieur des Comites Révolutionnaires.
La Laitière de la Forêt.
Bobèche et Galimafré.
La Femme Jalouse.
Le Panier Fleuri.
Le Protégé.
Le Diamant.
Les Treize.
Le Naufrage de la Méduse
L'Eau Merveilleuse.
Geneviève la Blonde.
Industriels et Industrieux
Le Pied de mouton.
La Grande Dame.
Passé Minuit.
Le Susceptible.
Le Pacte de Famine.
Le Tribut des Cent-Vierges.
Valentine.
La Bourbonnaise.
Mlle Desgarcins.
Un Ménage parisien.
Passé midi.
Les Trois quartiers.
La Nuit du Meurtre, 5 a.
La Fiancée.
Les Ouvriers.
Un jeune homme charmant.
L'Élève de Saumur.
Carte blanche.
Chantre et Choriste.

IMPRIMERIE DE BOULÉ ET Cⁱᵉ, RUE COQ-HÉRON, 5.